오십에 쓰는

도덕경 道德經 Ⅱ

작가소개,

한치선(타타오)

30여 년간 붓과 펜을 벗 삼아 문자(한자, 한글)와 더불어 살았으며, 지금은 유튜브 서예 채널 〈타타오 캘리아트〉와 〈타타오 서재〉, 깐징월드 인문학 채널 〈타타오 뜨락〉을 운영하며, 온 · 오프라인을 통해 활발히 활동 중입니다.

EBS 평생학교 〈한치선의 난생처음 붓글씨 쓰기〉, 클래스101 〈오늘부터 예쁘고 품격 있는 손 글씨〉, 유튜브 채널 〈타타오 캘리아트〉의 멤버십 〈유튜브 서예학원〉을 통해 온라인 강의도 진행하고 있습니다.

《경기도 서예대전》 운영위원을 역임했으며, 《추사 김정희 선생 추모 전국 휘호 대회》 심사 등 다수의 서예대전에서 심사위원으로 참여하였습니다.

지은 책으로는 「오십에 쓰는 도덕경(Ⅰ, Ⅱ)」, 「오십에 쓰는 논어」, 「오십에 쓰는 채근담」, 「오십에 쓰는 천자문」, 「당신의 품격을 올려주는 손 글씨」, 「가장 쉬운 독학 타타오의 서예 첫걸음」 등이 있습니다.

도덕경(道德經) 하(下)편은,

도덕경(道德經)은 생사를 아우르는 커다란 조망을 우리에게 제시합니다. 마음과 생명 그리고 우주에 대한 깊고 광대한 사상의 정수라고 할 수 있습니다. 무위자연(無爲自然)을 중심사상으로 내세우기에 그 내용이 신비롭고 함축이 깊을 수밖에 없습니다. 도덕경은 총 81장으로 이루어져 있으며 상편 37장을 [도경道經], 하편 44장을 [덕경德經]이라고 하는데, 상편에 이어 이 책에서는 하편 전문을 다루고 있습니다. 상편이 추상적인 우주관이라면 하편은 세상을 살아가는 세계관에 가까우며, 통치자나 리더의 길이 제시되는 것으로 보이나 한 개인 안에서의 '주(군왕)'와 '부(백성)'의 관계로 보아도 좋습니다.

도덕경은 소장되었던 원본마다 한자가 조금 다르기도 하므로 해석자 사상의 깊이에 따라 풀이 역시 상당한 탄력성이 있습니다. 또 문체 자체가 추상적인 운문체를 지향하므로 해석에 있어서도 너무 경직된 틀에 얽매이지 않고 약간의 융통성을 남겨 놓는 것이 좋다고 봅니다. 그러므로 필사하는 분 입장에서도 음미하고 사유하면서 써본다면 이 귀한 진리가 훨씬 다양한 빛깔로 내 안에 새겨질 것입니다.

필사를 위한 준비,

이 책의 체본은 가는 붓펜으로 썼습니다. 많은 필기구 중에서 붓펜을 고른 이유는 힘의 가감이나 압력을 가장 정교하게 보여줄 수 있는 서사 도구이기 때문입니다. 하지만 그만큼 초심자분들이 다루기가 어려운 점도 있습니다. 독자께서는 굳이 붓펜이 아니더라도 자신에게 잘 맞고 휴대성과 접근성이 좋은 중성펜 등으로 필사하시길 추천해 드립니다.

필사는 기법만이 아니라 심법(心法)도 아주 중요합니다. 문자(文字)란 생명과 사상을 담은 그릇이고, 그렇기에 필사하는 행위 자체가 하나의 인성수양(人性修養)이며 도야(陶冶)라고 할 수 있습니다.

책 활용법,

이 책은 한자 필순이나 기본획 쓰는 방법을 설명하고 있어 별도로 서예를 배우지 않은 사람도 기본적인 한자 쓰기가 가능합니다. 문장 따라 쓰기에서는 인문학자이자 서예가인 작가가 정리한 문장을 읽으며 의미를 되새기고 따라 쓰며 그 운치를 헤아릴 수 있도록 하였습니다.

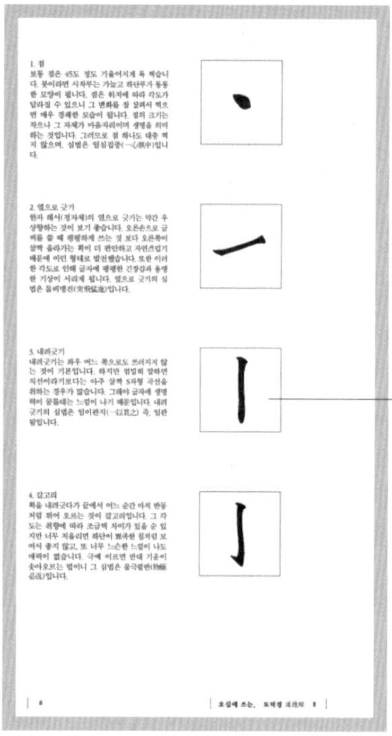

필사를 위한 도구와 마음 자세, 10여 가지의 한자 필순 원칙을 익힐 수 있습니다. 한자를 쓸 때 이 부분만 염두에 둬도 기본적인 한자 쓰기가 훨씬 안정될 것입니다.

서예에서 가장 중요한 쓰기 방법인 '영자팔법(永字八法)'과 기본획을 쓰는 방법에 관해 설명합니다. 한자를 구성하는 기본획의 필법을 익히면, 한자 쓰기의 기본기가 갖춰져 아름다운 한자 쓰기가 가능합니다.

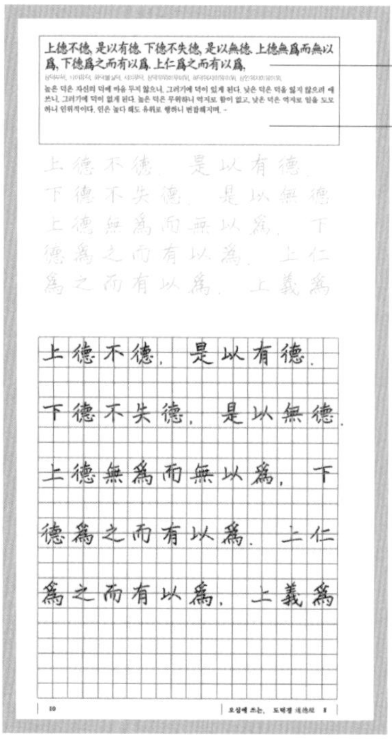

세상을 살아가는 세계관을 제시하는 도덕경 하(下)편의 원문과 해설을 읽으면서 마음에 새깁니다.

도덕경의 내용 전체는 총 81장이며 상편 37장을 [도경], 하편 44장을 [덕경]이라고 합니다. 여기에서는 하(下)편 전문을 다루고 있습니다.
하편은 통치자나 리더의 길이 제시되는 것으로 보이나 한 개인 안에서의 '주(군왕)'와 '부(백성)'의 관계로 보아도 좋습니다.

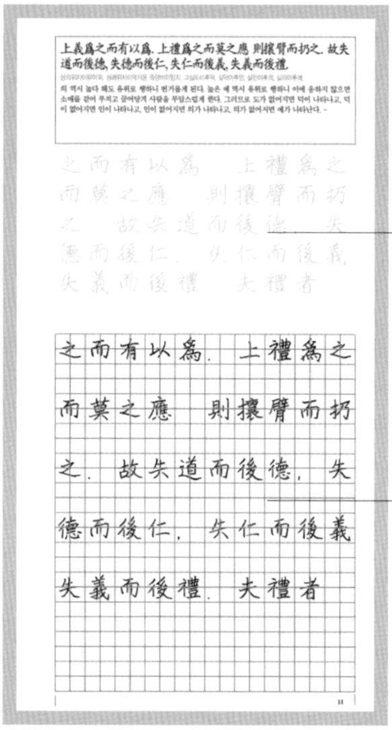

인쇄용 서체가 아닌 작가가 직접 쓴 해서체 체본 위에 따라 쓰며 작가의 심법을 더욱 세밀하게 배울 수 있도록 하였습니다.

다시 한번 작가의 서체를 세밀하게 관찰한 후 자신만의 한자 쓰기를 할 수 있도록 했습니다. 작가의 수려한 글씨체를 본받아 도덕경의 심오한 문구를 써보세요.

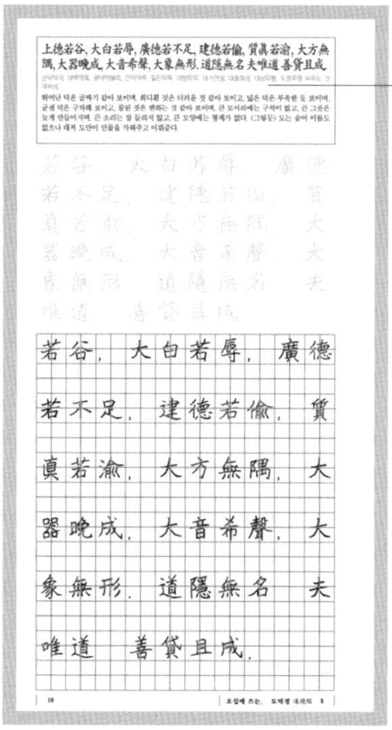

노자의 문체 자체가 추상적인 운문체를 지향하므로 해석에서도 너무 경직된 틀에 얽매이지 않고 약간의 융통성을 남겨 놓는 것이 좋습니다. 그러므로 필사하는 분 입장에서도 음미하고 사유하면서 써본다면 이 귀한 진리가 훨씬 다양한 빛깔로 내 안에 새겨질 것입니다.

한자 필순의 원칙,

한자에서 필순은 무척 중요합니다. 그렇지만 너무 경직되어 틀에만 얽매일 필요는 없습니다. 기본적인 이치와 원리를 이해하면 큰 틀은 자연스럽게 손에 익을 것입니다. 다음 기본 원칙을 이해하고 적용해 봅시다.

1. 위에서 아래로 씁니다. 물이 위에서 아래로 흐르는 이치입니다.

2. 왼쪽에서 오른쪽으로 씁니다. 왼쪽이 안이고 오른쪽이 바깥이니, 안에서 밖으로 향함이 순서입니다.

3. 가로획과 세로획이 겹칠 때는 가로획을 먼저 씁니다. 가로가 음(陰)이고 세로가 양(陽)이니, 음양의 순서입니다.

4. 좌우 대칭을 이루는 글자는 가운데 획을 먼저 쓰고, 좌우의 순서로 씁니다. 기준획을 먼저 써야 균형을 맞추기 편리하기 때문입니다.

5. 글자 전체를 세로로 꿰뚫는 획은 맨 마지막에 씁니다(예: 中(가운데 중), 일관(一貫)하는 의미가 있기 때문입니다).

7. 삐침과 파임이 만날 때는 삐침을 먼저 씁니다. 삐침이 음(陰), 파임이 양(陽)입니다.

8. 몸(한자에서 글자의 바깥 부분을 에워싸고 있는 부수 '國', '匹'에서 '囗', '匚' 따위)과 안으로 된 글자는 몸을 먼저 씁니다. 그래야 크기를 정하기 쉽기 때문입니다. 집을 지어 두고 식구들이 들어가는 것과 같은 이치입니다.

9. 오른쪽 위의 '점'과 안의 '점'은 맨 마지막에 찍습니다. 이때 점은 마침표와 같은 기분입니다.

10. 받침 중 '走', '是'는 먼저 씁니다. 그것이 의미부(글씨에서 의미를 나타내는 부분)이기 때문입니다.

11. 받침 중 '廴', '辶'은 맨 마지막에 씁니다. 이것 또한 의미부이나, 간단하게 만들었기 때문에 마지막에 써서 글자를 받쳐줍니다.

영자팔법(永字八法),

서예에서 중요한 이론 중에 '영자팔법(永字八法)'이 있습니다. '永(길영)'이라는 한 글자 속에는 한자의 거의 모든 기본획이 포함되어 있습니다. 그래서 서예의 기초 단계에서 이 글자로 연습하곤 합니다. 서예뿐만 아니라 펜글씨에서도 그 활용도는 동일하다고 생각이 됩니다. 현대에 와서는 '영자팔법'의 깊은 뜻이 상실되었으나 본서에서는 그 심법과 함께 되살려 보겠습니다.

1. 점
보통 점은 45도 정도 기울어지게 툭 찍습니다. 붓이라면 시작부는 가늘고 하단부가 통통한 모양이 됩니다. 점은 위치에 따라 각도가 달라질 수 있으니 그 변화를 잘 살펴서 찍으면 매우 경쾌한 모습이 됩니다. 점의 크기는 작으나 그 자체가 마음자리이며 생명을 의미하는 것입니다. 그러므로 점 하나도 대충 찍지 않으며, 심법은 일심집중(一心執中)입니다.

2. 옆으로 긋기
한자 해서(정자체)의 옆으로 긋기는 약간 우상향하는 것이 보기 좋습니다. 오른손으로 글씨를 쓸 때 평평하게 쓰는 것 보다 오른쪽이 살짝 올라가는 획이 더 편안하고 자연스럽기 때문에 이런 형태로 발전했습니다. 또한 이러한 각도로 인해 글자에 팽팽한 긴장감과 용맹한 기상이 서리게 됩니다. 옆으로 긋기의 심법은 돌비맹진(突飛猛進)입니다.

3. 내려긋기
내려긋기는 좌우 어느 쪽으로도 쓰러지지 않는 것이 기본입니다. 하지만 엄밀히 말하면 직선이라기보다는 아주 살짝 S자형 곡선을 취하는 경우가 많습니다. 그래야 글자에 생명력이 꿈틀대는 느낌이 나기 때문입니다. 내려긋기의 심법은 일이관지(一以貫之) 즉, 일관됨입니다.

4. 갈고리
획을 내려긋다가 끝에서 어느 순간 마치 반동처럼 튀어 오르는 것이 갈고리입니다. 그 각도는 취향에 따라 조금씩 차이가 있을 순 있지만 너무 치올리면 하단이 뾰족한 침처럼 보여서 좋지 않고, 또 너무 느슨한 느낌이 나도 매력이 없습니다. 극에 이르면 반대 기운이 솟아오르는 법이니 그 심법은 물극필반(物極必返)입니다.

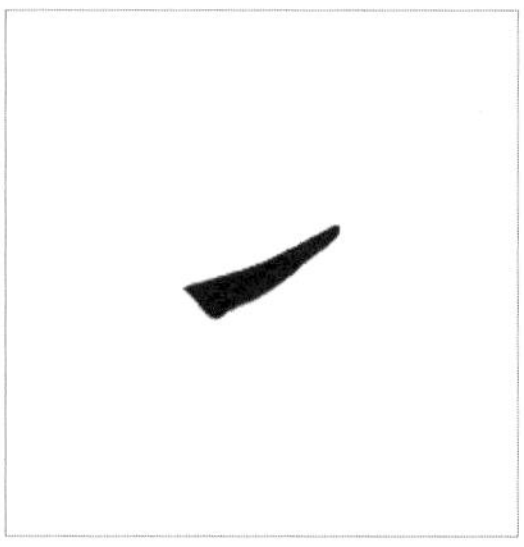

5. 삐쳐 올림
시작부는 쿡 찍어주고 위로 짧게 뽑아 올리는 획입니다. 삼수변(氵)의 세 번째 획과 같은 경우입니다. 삐쳐 올리는 각도는 다음 획이 시작하는 지점을 향하는데, 이러한 율동성을 필세(筆勢)라고 합니다. 이것은 물이 흐르는 듯한 흐름이므로 심법은 행운유수(行雲流水)입니다.

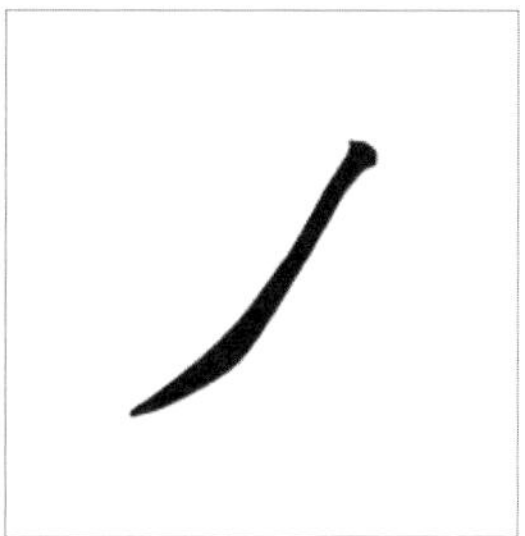

6. 삐침
한자에서 삐침이라는 획은 매우 중요합니다. 시작부에서 왼쪽 하단을 향해 내려오며 끝은 딱 맺지 않고 시원하게 뽑아줍니다. 삐침은 원래 '비침'에서 유래한 말로 태양 빛이 비치는 형상과 닮았습니다. 그러므로 날카로운 칼처럼 뽑는 것이 아닌, 온유하면서도 멀리 뻗어 나가는 획을 그어야 합니다. 심법은 기러기가 비스듬히 모래펄 위로 내려앉는 형국인 평사낙안(平沙落雁)입니다.

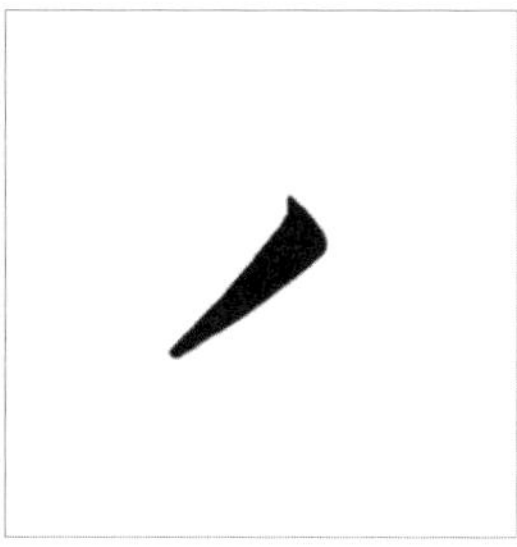

7. 쪼음
쪼음은 상단에서 쿡 찍어서 짧고 야무지게 뽑아 내리는 획입니다. 보통 이 획이 나오면 다음 순서로 크고 웅장한 획이 나오게 됩니다. 그래서 욕심을 버리고 큰일을 위해 준비를 한다는 마음으로 써야 합니다. 심법은 과유불급(過猶不及)입니다.

8. 파임
파임은 한자의 꽃이라고 할 만큼 웅장하고 아름다운 획입니다. 시작은 우측 하단을 향해 가늘게 내려오다가 최대한 필압(글 쓸 때 누르는 정도)을 주어 굵게 눌러주고, 다시 가늘게 살짝 우측으로 뽑으며 마무리합니다. 이처럼 장중한 획을 펼칠 때의 심법은 건곤일척(乾坤一擲)입니다.

上德不德, 是以有德. 下德不失德, 是以無德. 上德無爲而無以爲, 下德爲之而有以爲. 上仁爲之而有以爲,

상덕부덕, 시이유덕. 하덕불실덕, 시이무덕. 상덕무위이무이위, 하덕위지이유이위. 상인위지이유이위,

높은 덕은 자신의 덕에 마음 두지 않으니, 그러기에 덕이 있게 된다. 낮은 덕은 덕을 잃지 않으려 애쓰니, 그러기에 덕이 없게 된다. 높은 덕은 무위하니 억지로 함이 없고, 낮은 덕은 억지로 일을 도모하니 인위적이다. 인은 높다 해도 유위로 행하니 번잡해지며, -

上德不德, 是以有德.
下德不失德, 是以無德.
上德無爲而無以爲, 下
德爲之而有以爲. 上仁
爲之而有以爲, 上義爲

上	德	不	德,		是	以	有	德.	
下	德	不	失	德,		是	以	無	德.
上	德	無	爲	而	無	以	爲,		下
德	爲	之	而	有	以	爲.		上	仁
爲	之	而	有	以	爲,		上	義	爲

上義爲之而有以爲. 上禮爲之而莫之應 則攘臂而扔之. 故失道而後德, 失德而後仁, 失仁而後義, 失義而後禮.

상의위지이유이위. 상례위지이막지응 즉양비이잉지. 고실도이후덕, 실덕이후인, 실인이후의, 실의이후례.

의 역시 높다 해도 유위로 행하니 번거롭게 된다. 높은 예 역시 유위로 행하니 이에 응하지 않으면 소매를 걷어 부치고 끌어당겨 사람을 부담스럽게 한다. 그러므로 도가 없어지면 덕이 나타나고, 덕이 없어지면 인이 나타나고, 인이 없어지면 의가 나타나고, 의가 없어지면 예가 나타난다. -

之而有以爲. 上禮爲之
而莫之應 則攘臂而扔
之. 故失道而後德, 失
德而後仁, 失仁而後義
失義而後禮. 夫禮者

之而有以爲. 上禮爲之
而莫之應 則攘臂而扔
之. 故失道而後德, 失
德而後仁, 失仁而後義
失義而後禮. 夫禮者

夫禮者 忠信之薄 而亂之首. 前識者 道之華 而愚之始. 是以大丈夫處其厚 不居其薄. 處其實 不居其華. 故去彼取此.

부례자 충신지박 이란지수. 전식자 도지화 이우지시. 시이대장부처기후 불거기박. 처기실 불거기화. 고거피취차.

예라는 것은 충성과 신의의 얄팍한 껍질이며 혼란의 시작이다. 먼저 안다는 것은 도의 꽃이라지만 어리석음의 시작이다. 그러므로 대장부는 두터움에 머물고 얄팍한 데 거하지 않는다. 열매에 머무르고 꽃에 거하지 않는다. 저것(부분적 지식)을 버리고 이것(있는 그대로의 본질)을 취한다.

*노자는 '도덕인의예'의 순으로 사상의 가치를 표현하고 있다.

忠信之薄 而亂之首.
前識者 道之華 而愚
之始. 是以大丈夫處其
厚 不居其薄. 處其實
不居其華. 故去彼取此.

忠信之薄 而亂之首.
前識者 道之華 而愚
之始. 是以大丈夫處其
厚 不居其薄. 處其實
不居其華. 故去彼取此.

昔之得一者 天得一以清, 地得一以寧, 神得一以靈, 谷得一以盈,
萬物得一以生, 侯王得一以爲天下貞, 其致之. 天無以清 將恐裂,

석지득일자 천득일이청, 지득일이녕, 신득일이령, 곡득일이영, 만물득일이생, 후왕득일이위천하정, 기치지. 천무이청 장공렬,

예부터 하나를 얻은 것들이 있으니 하늘은 하나를 얻어 맑아지고, 땅은 하나를 얻어 편안해지며, 신은 하나를 얻어 영묘해지고, 골짜기는 하나를 얻어 가득 차게 되며, 만물은 하나를 얻어 생장하게 되고, 왕과 제후는 하나를 얻어 천하의 바름이 되니, 이 모두가 하나의 덕이다. 하늘은 맑음이 없으면 찢어지고, -

*그 하나가 도(道)라 하고 덕(德)이라고도 하며 그 양상은 무위(無爲)이다.

昔之得一者 天得一以
清, 地得一以寧, 神得
一以靈, 谷得一以盈,
萬物得一以生, 侯王得
一以爲天下貞, 其致之.
天無以清 將恐裂, 地

昔之得一者 天得一以
清, 地得一以寧, 神得
一以靈, 谷得一以盈,
萬物得一以生, 侯王得
一以爲天下貞, 其致之.
天無以清 將恐裂, 地

地無以寧 將恐發, 神無以靈 將恐歇, 谷無以盈 將恐竭, 萬物無以生 將恐滅, 侯王無以貴高 將恐蹶. 故貴以賤爲本, 高以下爲基.

지무이녕 장공발, 신무이령 장공헐, 곡무이영 장공갈, 만물무이생 장공멸, 후왕무이귀고 장공궐. 고귀이천위본, 고이하위기.

땅이 편안치 못하면 흔들리며, 신은 영묘함이 없으면 끝날 것이고, 골짜기는 채워지지 못하면 마를 것이고, 만물은 자라지 못하면 소멸할 것이고, 왕과 제후는 고귀함이 없으면 쓰러질 것이다. 그러므로 귀함은 천함을 근본으로 삼고, 높음은 낮음으로 기초로 삼는다. -

*구름(번뇌)이 무거워지면 뇌성벽력이 하늘을 찢는다(고통의 주름).

無以寧 將恐發, 神無
以靈 將恐歇, 谷無以
盈 將恐竭, 萬物無以
生 將恐滅, 侯王無以
貴高 將恐蹶. 故貴以
賤爲本, 高以下爲基.

無以寧 將恐發, 神無
以靈 將恐歇, 谷無以
盈 將恐竭, 萬物無以
生 將恐滅, 侯王無以
貴高 將恐蹶. 故貴以
賤爲本, 高以下爲基.

是以侯王自謂孤 寡不穀. 此非以賤爲本耶非乎. 故致數輿無輿. 不欲琭琭如玉 珞珞如石.

시이후왕자위고 과불곡. 차비이천위본야비호. 고치수여무여. 불욕록록여옥 락락여석.

이런 까닭으로 왕과 제후는 스스로를 고(孤), 과인(寡人), 불곡(不穀)이라 칭하곤 한다. 이것이 바로 천한 것을 근본으로 삼는 것 아니겠는가. 지극히 영예로운 것은 영예로움이 아니다. 구슬처럼 영롱한 소리를 내려 하지 않고 돌처럼 담담한 소리를 낸다.

*고(孤): 고아, 과인(寡人): 홀로 된 사람, 불곡(不穀): 변변치 못한 사람

*여기서 천(賤)이란 품격의 천박함이 아니라 꾸밈없는 겸허함을 이른다.

是以侯王自謂孤 寡不
穀. 此非以賤爲本耶非
乎. 故致數輿無輿. 不
欲琭琭如玉 珞珞如石.

是以侯王自謂孤 寡不
穀. 此非以賤爲本耶非
乎. 故致數輿無輿. 不
欲琭琭如玉 珞珞如石.

反者道之動. 弱者道之用. 天下萬物生於有, 有生於無.

반자도지동. 약자도지용. 천하만물생어유, 유생어무.

되돌아감이 도의 움직임이다. 약함이 도의 쓰임이다. 천하 만물은 유에서 생겨나고, 유는 무에서 생겨난다.

*자(者)는 사람이 아니라 '~라는 것'의 의미로 많이 쓰인다.

*약(弱)은 유약함이 아니라 '거칠지 않음'을 의미한다.

反 者 道 之 動. 弱 者 道 之
用. 天 下 萬 物 生 於 有,
有 生 於 無.

反 者 道 之 動. 弱 者 道 之
用. 天 下 萬 物 生 於 有,
有 生 於 無.

上士聞道 勤而行之, 中士聞道 若存若亡, 下士聞道 大笑之. 不笑不足以爲道. 故建言有之 明道若昧, 進道若退, 夷道若纇,

상사문도 근이행지, 중사문도 약존약망, 하사문도 대소지. 불소불족이위도. 고건언유지 명도약매, 진도약퇴, 이도약뢰,

뛰어난 사람은 도에 대해 들으면 힘써 행하려 하고, 어중간한 사람은 도에 대해 들으면 이럴까 저럴까 망설이고, 못난 사람은 도에 대해 들으면 크게 웃는다. 웃음거리가 되지 않으면 도라고 할 수 없다. 그러므로 예부터 세워진 말에 이르기를 (진실로) 밝은 도는 어두운 것 같아 보이고, 전진하는 도는 후퇴하는 것 같아 보이며, 평탄한 도는 울퉁불퉁한 것 같아 보이고, -

上士聞道 勤而行之,
中士聞道 若在若亡,
下士聞道 大笑之. 不
笑不足以爲道. 故建言
有之 明道若昧, 進道
若退, 夷道若纇, 上德

上士聞道 勤而行之,
中士聞道 若在若亡,
下士聞道 大笑之. 不
笑不足以爲道. 故建言
有之 明道若昧, 進道
若退, 夷道若纇, 上德

上德若谷, 大白若辱, 廣德若不足, 建德若偸, 質眞若渝, 大方無隅, 大器晩成, 大音希聲, 大象無形. 道隱無名夫唯道 善貸且成.

상덕약곡, 대백약욕, 광덕약불족, 건덕약투, 질진약투, 대방무우, 대기만성, 대음희성, 대상무형. 도은무명 부유도 선대차성.

뛰어난 덕은 골짜기 같아 보이며, 희디흰 것은 더러운 것 같아 보이고, 넓은 덕은 부족한 듯 보이며, 굳센 덕은 구차해 보이고, 참된 것은 변하는 것 같아 보이며, 큰 모서리에는 구석이 없고, 큰 그릇은 늦게 만들어지며, 큰 소리는 잘 들리지 않고, 큰 모양에는 형체가 없다. (그렇듯) 도는 숨어 이름도 없으나 대저 도만이 만물을 가꿔주고 이뤄준다.

若谷, 大白若辱, 廣德
若不足, 建德若偸, 質
眞若渝, 大方無隅, 大
器晩成, 大音希聲, 大
象無形. 道隱無名 夫
唯道 善貸且成.

若谷, 大白若辱, 廣德
若不足, 建德若偸, 質
眞若渝, 大方無隅, 大
器晩成, 大音希聲, 大
象無形. 道隱無名 夫
唯道 善貸且成.

道生一, 一生二, 二生三, 三生萬物. 萬物負陰而抱陽. 沖氣以爲和. 人之所惡 唯孤寡不穀 而王公以爲稱. 故物或損之而益, 或益之而損.

도생일, 일생이, 이생삼, 삼생만물. 만물부음이포양. 충기이위화. 인지소오 유고과불곡 이왕공이위칭. 고물혹손지이익, 혹익지이손.

도가 하나를 낳고, 하나가 둘을 낳고, 둘이 셋을 낳고, 셋이 만물을 낳는다. 만물은 음을 등에 업고 양을 가슴에 안았다. 기를 비움으로 조화를 이룬다. 사람들이 싫어하는 것은 고아, 과부, 보잘 것 없는 사람이지만 이것은 임금이나 공작이 자기를 칭하는 이름이다. 그러므로 만물은 잃음으로 얻기도 하고, 얻음으로 잃는 일도 있다. -

*무(無)가 유(有)를 낳고, 그것이 음양(陰陽)을 낳고, 음양이 음양중(陰陽中)을 낳으니 그렇게 만물이 생긴다.

*얻으면 잃게 되고, 잃으면 얻게 됨은 세상만사의 이치다.

道 生 一, 一 生 二, 二 生
三, 三 生 萬 物. 萬 物 負
陰 而 抱 陽. 沖 氣 以 爲 和.
人 之 所 惡 唯 孤 寡 不 穀
而 王 公 以 爲 稱. 故 物 或
損 之 而 益, 或 益 之 而 損.

道 生 一, 一 生 二, 二 生
三, 三 生 萬 物. 萬 物 負
陰 而 抱 陽. 沖 氣 以 爲 和.
人 之 所 惡 唯 孤 寡 不 穀
而 王 公 以 爲 稱. 故 物 或
損 之 而 益, 或 益 之 而 損.

人之所教 我亦教之. 强梁者不得其死 吾將以爲教父.

인지소교 아역교지. 강량자불득기사 오장이위교부.

사람들이 가르치는 것을 나 역시 가르친다. 강포한 자 제명에 죽지 못하나니 나도 이것을 내 가르침의 으뜸으로 삼고자 한다.

*그래서 노자는 늘 나서지 않고 티 내지 않으며 부드러울 것을 권한다.

人之所教 我亦教之.
强梁者不得其死 吾將
以爲教父.

人之所教 我亦教之.
强梁者不得其死 吾將
以爲教父.

天下之至柔 馳騁天下之至堅. 無有入無間 吾是以知無爲之有益. 不言之教 無爲之益 天下希及之.

천하지지유 치빙천하지지견. 무유입무간 오시이지무위지유익. 불언지교 무위지익 천하희급지.

천하에 지극히 부드러운 것이 지극히 견고한 것을 부린다. 무(無)는 틈이 없는 곳에도 들어갈 수가 있나니 나는 그래서 무위의 유익함을 안다. 말없는 가르침과 무위의 유익함에 미칠 만한 것이 드물다.

天 下 之 至 柔 馳 騁 天 下
之 至 堅. 無 有 入 無 間
吾 是 以 知 無 爲 之 有 益.
不 言 之 教 無 爲 之 益
天 下 希 及 之.

天 下 之 至 柔 馳 騁 天 下
之 至 堅. 無 有 入 無 間
吾 是 以 知 無 爲 之 有 益.
不 言 之 教 無 爲 之 益
天 下 希 及 之.

名與身孰親. 身與貨孰多. 得與亡孰病. 是故甚愛必大費, 多藏必厚亡. 知足不辱, 知止不殆, 可以長久.

명여신숙친. 신여화숙다. 득여망숙병. 시고심애필대비, 다장필후망. 지족불욕, 지지불태, 가이장구.

명성과 내 몸 중 무엇이 내게 더 가까운가. 내 몸과 재산 중 무엇이 더 중한가. 얻음과 잃음 어느 것이 더 큰 병인가. 지나치게 좋아하면 크게 낭비하고, 너무 많이 쌓아 두면 크게 잃는다. 만족할 줄 아는 이는 치욕을 당하지 않고, 그칠 줄 알면 위태로움을 당하지 않으니, 오래오래 삶을 누리게 된다.

名與身孰親. 身與貨孰
多. 得與亡孰病. 是故
甚愛必大費, 多藏必厚
亡. 知足不辱, 知止不
殆, 可以長久.

名與身孰親. 身與貨孰
多. 得與亡孰病. 是故
甚愛必大費, 多藏必厚
亡. 知足不辱, 知止不
殆, 可以長久.

大成若缺 其用不弊. 大盈若沖 其用不窮. 大直若屈, 大巧若拙, 大辯若訥. 躁勝寒 靜勝熱 淸靜爲天下正.

대성약결 기용불폐. 대영약충 기용불궁. 대직약굴, 대교약졸, 대변약눌. 조승한 정승열 청정위천하정.

크게 이루어진 것은 조금 모자란 듯하나 그 쓰임에는 다함이 없다. 가득 찬 것은 조금 빈 듯하나 그 쓰임에는 끝이 없다. 크게 곧은 것은 조금 굽은 듯하고, 큰 솜씨는 조금 서툴러 보이고, 큰 말씀은 조금 어눌해 보인다. 조급함은 추위를 이기고 고요함은 더위를 이긴다하나 맑고 고요한 것이 세상의 정도이다.

大成若缺 其用不弊.
大盈若沖 其用不窮.
大直若屈, 大巧若拙,
大辯若訥. 躁勝寒 靜
勝熱 淸靜爲天下正.

大成若缺 其用不弊.
大盈若沖 其用不窮.
大直若屈, 大巧若拙,
大辯若訥. 躁勝寒 靜
勝熱 淸靜爲天下正.

天下有道 却走馬以糞, 天下無道 戎馬生於郊. 禍莫大於不知足, 咎莫大於欲得. 故知足之足常足矣.

천하유도 각주마이분, 천하무도 융마생어교. 화막대어불지족, 구막대어욕득. 고지족지족상족의.

천하에 도가 있으면 달리는 말이 거름으로 땅을 비옥하게 하나, 천하에 도가 사라지면 군마가 전쟁터에서 새끼를 낳는다. 만족 못함보다 큰 재앙이 없고, 얻으려는 욕심보다 큰 허물이 없다. 그러므로 만족할 줄 알아야 늘 풍족하다.

天下有道 却走馬以糞,
天下無道 戎馬生於郊.
禍莫大於不知足, 咎莫
大於欲得. 故知足之足
常足矣.

天下有道 却走馬以糞,
天下無道 戎馬生於郊.
禍莫大於不知足, 咎莫
大於欲得. 故知足之足
常足矣.

不出戶 知天下, 不闚牖 見天道. 其出彌遠 其知彌少. 是以聖人不行而知, 不見而名, 不爲而成.

불출호 지천하, 불규유 견천도. 기출미원 기지미소. 시이성인불행이지, 불견이명, 불위이성.

문밖에 나가지 않고도 천하를 알고, 창 틈으로 내다보지 않고도 하늘의 도를 볼 수 있다. 멀리 나가면 나갈수록 그만큼 덜 알게 된다. 그러므로 성인은 다니지 않고도 알고, 보지 않고 알며, 하지 않으면서 이룬다.

不出戶 知天下, 不闚牖 見天道. 其出彌遠 其知彌少. 是以聖人不行而知, 不見而名, 不爲而成.

不出戶 知天下, 不闚牖 見天道. 其出彌遠 其知彌少. 是以聖人不行而知, 不見而名, 不爲而成.

爲學日益 爲道日損. 損之又損 以至於無爲 無爲而無不爲. 取天下 常以無事. 及其有事 不足以取天下.

위학일익 위도일손. 손지우손 이지어무위 무위이무불위. 취천하 상이무사. 급기유사 부족이취천하.

학문은 나날이 더해가나 도는 나날이 덜어 내는 것. 덜고 덜어 무위의 경지에 이르니 무위에 이르면 하지 못할 일이 없게 된다. 천하를 얻으려면 늘 일을 꾸미려 말라. 억지로 일을 꾸미면 천하를 취할 수 없다.

爲學日益 爲道日損.
損之又損 以至於無爲
無爲而無不爲. 取天下
常以無事. 及其有事
不足以取天下.

爲學日益 爲道日損.
損之又損 以至於無爲
無爲而無不爲. 取天下
常以無事. 及其有事
不足以取天下.

聖人無常心 以百姓心爲心. 善者吾善之, 不善者吾亦善之. 德善.

성인무상심 이백성심위심. 선자오선지, 불선자오역선지. 덕선.

성인에겐 고정된 마음이 없으니 백성의 마음을 제 마음으로 삼는다. 선한 이에게도 선으로 대하고, 선하지 않은 이에게도 선으로 대한다. 그래야 덕이 선하게 된다. -

聖人無常心 以百姓心
爲心. 善者吾善之, 不
善者吾亦善之. 德善.

聖人無常心 以百姓心
爲心. 善者吾善之, 不
善者吾亦善之. 德善.

信者吾信之, 不信者吾亦信之. 德信. 聖人在天下歙歙焉 爲天下渾其心 聖人皆孩之.

신자오신지, 불신자오역신지. 덕신. 성인재천하흡흡언 위천하혼기심 성인개해지.

신의 있는 사람에게 신의로 대하고, 신의 없는 사람에게도 신의로 대한다. 그래야 덕에 믿음이 있게 된다. 성인은 천하에 임할 때 모든 것을 포용하니 천하를 위함에 그 마음을 (백성과) 섞어 성인은 백성을 모두 아이처럼 대한다.

信者吾信之, 不信者吾
亦信之. 德信. 聖人在
天下歙歙焉 爲天下渾
其心 聖人皆孩之.

信者吾信之, 不信者吾
亦信之. 德信. 聖人在
天下歙歙焉 爲天下渾
其心 聖人皆孩之.

出生入死 生之徒十有三, 死之徒十有三, 人之生 動之死地 亦十有三. 夫何故. 以其生生之厚. 蓋聞善攝生者

출생입사 생지도십유삼, 사지도십유삼, 인지생 동지사지 역십유삼. 부하고. 이기생생지후. 개문선섭생자

나오면 살고 들어가면 죽나니 삶의 길을 택하는 사람이 십분의 삼 정도요, 죽음의 길을 택하는 사람이 십분의 삼 정도요, 살아날 사람이었으나 움직여 죽음의 자리로 가는 사람도 십분의 삼 정도이다. 왜 그러한가. 모두 삶에 대한 집착이 너무 강하기 때문이다. 듣자 하니 섭생을 잘하는 사람은 -

*집착(욕망)의 굴 속에서 벗어나면 살고 그 속으로 들어가면 죽는다.

*보이고 들리고 만져지는 모든 것이 사람을 집착하게 하고 미혹되게 한다.

出生入死 生之徒十有
三, 死之徒十有三, 人
之生 動之死地 亦十
有三. 夫何故. 以其生
生之厚. 蓋聞善攝生者

出生入死 生之徒十有
三, 死之徒十有三, 人
之生 動之死地 亦十
有三. 夫何故. 以其生
生之厚. 蓋聞善攝生者

陸行不遇虎兕, 入軍不被甲兵. 無所投其角, 虎無所措其爪, 兵無所容其刃. 夫何故. 以其無死地.

육행불우호시, 입군불피갑병. 무소투기각, 호무소조기조, 병무소용기인. 부하고. 이기무사지.

뭍에서 범이나 외뿔소를 만나지 않고, 전쟁터에서도 갑옷을 입을 필요가 없다. 뿔로 들이 받을 곳이 없고, 범은 발톱으로 할퀼 곳이 없으며, 무기는 칼날로 들이댈 곳이 없다. 왜 그러한가. 그에게는 죽음의 자리가 없기 때문이다.

陸行不遇虎兕, 入軍不被甲兵. 無所投其角, 虎無所措其爪, 兵無所容其刃. 夫何故. 以其無死地.

陸行不遇虎兕, 入軍不被甲兵. 無所投其角, 虎無所措其爪, 兵無所容其刃. 夫何故. 以其無死地.

道生之, 德畜之, 物形之, 勢成之. 是以萬物莫不存道而貴德.
道之尊 德之貴 夫莫之命而常自然. 故道生之,

도생지, 덕축지, 물형지, 세성지. 시이만물막부존도이귀덕. 도지존 덕지귀 부막지명이상자연. 고도생지,

도는 그것을 낳고, 덕은 그것을 기르며, 물은 그것의 틀을 만들고, 세력은 그것을 이뤄낸다. 그러니 만물은 도를 존중하고 자신을 기른 덕을 귀하게 여기지 않을 수 없다. 도를 존중하고 덕을 귀하게 여기는 것은 누가 시켜서 그런 것이 아니라 저절로 그렇게 하는 것이다. 그러므로 도가 낳고, -

*여기서 之는 대명사로 쓰인다.

道 生 之, 德 畜 之, 物 形
之, 勢 成 之. 是 以 萬 物
莫 不 存 道 而 貴 德. 道 之
尊 德 之 貴 夫 莫 之 命
而 常 自 然. 故 道 生 之,

道 生 之, 德 畜 之, 物 形
之, 勢 成 之. 是 以 萬 物
莫 不 存 道 而 貴 德. 道 之
尊 德 之 貴 夫 莫 之 命
而 常 自 然. 故 道 生 之,

德畜之 長之 育之 亭之 毒之 養之 覆之. 生而不有, 爲而不恃, 長而不宰. 是謂玄德.

덕축지 장지 육지 정지 독지 양지 복지. 생이불유, 위이불시, 장이불재. 시위원덕.

덕이 기르고 자라게 하고 길러주고 감싸주고 키워주고 먹여주고 덮어준다. 낳았으나 소유하지 않고, 이루었으나 기대려 하지 않고, 길렀으나 지배하지 않는다. 이를 일컬어 신비한 덕이라 한다.

德畜之 長之 育之 亭之 毒之 養之 覆之. 生而不有, 爲而不恃, 長而不宰. 是謂玄德.

德畜之 長之 育之 亭之 毒之 養之 覆之. 生而不有, 爲而不恃, 長而不宰. 是謂玄德.

天下有始 以爲天下母. 旣得其母 以知其子. 旣知其子 復守其母
沒身不殆. 塞其兌 閉其門 終身不勤. 開其兌 濟其事 終身不救.

천하유시 이위천하모. 기득기모 이지기자. 기지기자 복수기모 몰신불태. 새기태 폐기문 종신불근. 개기태 제기사 종신불구.

천하에는 시작이 있으니 그로써 세상의 어머니가 되었다. 이미 어머니를 얻었으니 그로써 그 자식을 알 수 있다. 이미 그 자식을 알았으니 그 어머니를 받들면 죽을 때까지 위태롭지 않다. 입구를 막고 문을 닫으면 평생토록 근심이 없다. 입구를 열고 일을 벌이면 종신토록 구제가 불능이다. -

*감각의 창문에 비치는 온갖 현상에 휘둘리지 말라는 뜻

天下有始 以爲天下母.
旣得其母 以知其子.
旣知其子 復守其母
沒身不殆. 塞其兌 閉
其門 終身不勤. 開其
兌 濟其事 終身不救.

天下有始 以爲天下母.
旣得其母 以知其子.
旣知其子 復守其母
沒身不殆. 塞其兌 閉
其門 終身不勤. 開其
兌 濟其事 終身不救.

見小曰明, 守柔曰强. 用其光 復歸其明 無遺身殃. 是謂習常.

견소왈명, 수유왈강. 용기광 복귀기명 무유신앙. 시위습상.

작은 것을 보는 것을 명(明)이라 하고, 부드러움을 지키는 것을 강(强)이라 한다. 빛(지혜)을 이용해서 밝음으로 돌아가면 몸에 재앙을 남기지 않는다. 이를 일컬어 습상이라 한다.

見小曰明, 守柔曰强.
用其光 復歸其明 無
遺身殃. 是謂習常.

見小曰明, 守柔曰强.
用其光 復歸其明 無
遺身殃. 是謂習常.

使我介然有知 行於大道 唯施是畏. 大道甚夷 而民好徑. 朝甚除 田甚蕪, 倉甚虛. 服文綵, 帶利劍, 厭飮食, 財貨有餘, 是謂道夸. 非道也哉.

사아개연유지 행어대도 유시시외. 대도심이 이민호경. 조심제 전심무, 창심허. 복문채, 대리검, 염음식, 재화유여, 시위도과. 비도야재.

내게 한 조각 지식만 있어도 큰 도를 행하며 이를 베풀되 도에서 벗어남을 두려워하리. 큰 도는 지극히 평탄한데 사람들은 지름길, 샛길을 좋아한다. 조정이 열심히 다스리지만 밭에는 잡초가 무성하고, 곳간은 텅 비었다. 비단옷을 걸쳐 입고, 날카로운 칼을 차며, 음식에 물릴 지경이 되고, 재물은 쓰고도 남으니, 이것을 도라 할 수 있는가. 이것은 도가 아니다.

使我介然有知 行於大
道 唯施是畏. 大道甚
夷 而民好徑. 朝甚除
田甚蕪, 倉甚虛. 服文
綵, 帶利劍, 厭飮食,
財貨有餘, 是謂道夸.

使我介然有知 行於大
道 唯施是畏. 大道甚
夷 而民好徑. 朝甚除
田甚蕪, 倉甚虛. 服文
綵, 帶利劍, 厭飮食,
財貨有餘, 是謂道夸.

善建者不拔 善抱者不脫 子孫以祭祀不輟. 修之於身 其德乃眞, 修之於家 其德乃餘, 修之於鄕 其德乃長,

선건자불발 선포자불탈 자손이제사불철, 수지어신 기덕내진, 수지어가 기덕내여, 수지어향 기덕내장,

잘 세운 것은 뽑히지 않고 잘 품은 것은 빼앗기지 않으니 자자손손 제사가 이어지는 법이다. 몸을 수양하면 그 덕이 참될 것이고, 가정에서 수양하면 그 덕이 넉넉할 것이며, 마을에서 수양하면 그 덕이 자라날 것이고, -

善建者不拔 善抱者不
脫 子孫以祭祀不輟.
修之於身 其德乃眞,
修之於家 其德乃餘,
修之於鄕 其德乃長,

善	建	者	不	拔		善	抱	者	不
脫		子	孫	以	祭	祀	不	輟.	
修	之	於	身		其	德	乃	眞,	
修	之	於	家		其	德	乃	餘,	
修	之	於	鄕		其	德	乃	長,	

修之於國 其德乃豊, 修之於天下 其德乃普. 故以身觀身, 以家觀家, 以鄕觀鄕, 以國觀國, 以天下觀天下. 吾何以知天下然哉. 以此.

수지어국 기덕내풍, 수지어천하 기덕내보. 고이신관신, 이가관가, 이향관향, 이국관국, 이천하관천하. 오하이지천하연재. 이차.

나라에서 수양하면 그 덕이 풍성해질 것이고, 천하에서 수양하면 그 덕이 두루 퍼질 것이다. 갈고 닦은 몸의 덕으로 타인을 살피고, 가정의 덕으로 남의 가정을 살피고, 마을의 덕으로 남의 마을을 살피고, 나라의 덕으로 다른 나라를 살피고, 천하의 덕으로 다른 천하를 살핀다. 천하가 이러함을 내가 어떻게 알 수 있겠는가. 이러한 이치를 통해서이다.

修之於國 其德乃豊,
修之於天下 其德乃普.
故以身觀身, 以家觀家,
以鄕觀鄕, 以國觀國,
以天下觀天下. 吾何以
知天下然哉. 以此.

修之於國 其德乃豊,
修之於天下 其德乃普.
故以身觀身, 以家觀家,
以鄕觀鄕, 以國觀國,
以天下觀天下. 吾何以
知天下然哉. 以此.

含德之厚 比於赤子. 蜂蠆蛇不螫 猛獸不據 攫鳥不搏. 骨弱筋柔而握固. 未知牝牡之合而全作 精之至也. 終日號而不嗄 和之至也.

함덕지후 비어적자. 봉채사불석 맹수불거 확조불박. 골약근유이악고. 미지빈모지합이전작 정지지야. 종일호이불사 화지지야.

덕을 두텁게 하는 것은 비유하자면 갓난아이와 같다. 벌, 전갈, 뱀이 쏘지 못하고 사나운 짐승이 덤벼들지 못하고 새가 낚아채지도 못한다. 뼈와 근육이 비록 약하지만 아귀힘은 세다. 남녀의 교합을 알지 못해도 모든 것을 지음은 정기가 지극하기 때문이다. 종일 울어도 목이 쉬지 않으니 조화가 지극하기 때문이다. -

含德之厚 比於赤子.
蜂蠆蛇不螫 猛獸不據
攫鳥不搏. 骨弱筋柔而
握固. 未知牝牡之合而
全作 精之至也. 終日
號而不嗄 和之至也.

含德之厚 比於赤子.
蜂蠆蛇不螫 猛獸不據
攫鳥不搏. 骨弱筋柔而
握固. 未知牝牡之合而
全作 精之至也. 終日
號而不嗄 和之至也.

知和曰常, 知常曰明. 益生曰祥, 心使氣曰强. 物壯則老, 謂之不道 不道早已.

지화왈상, 지상왈명. 익생왈상, 심사기왈강. 물장즉로, 위지부도 불도조이.

조화를 알면 영원하고, 영원을 알면 밝게 된다. 억지로 생활함은 상스럽다 하고, 마음대로 기세를 부리면 억지스럽다고 한다. 사물의 기운이 성하면 언젠가는 쇠하기 마련, 그것이 도가 아니기 때문이니 도가 아닌 것은 오래가지 못한다.

*상(祥)은 상서로움, 재앙의 뜻이 다 있다.

知和曰常, 知常曰明.
益生曰詳, 心使氣曰強
物壯則老, 謂之不道
不道早已.

知和曰常, 知常曰明.
益生曰詳, 心使氣曰強
物壯則老, 謂之不道
不道早已.

知者不言, 言者不知. 塞其兌 閉其門 挫其銳 解其紛 和其光 同其塵. 是謂玄同

지자불언, 언자불지. 새기태 폐기문 좌기예 해기분 화기광 동기진. 시위현동

아는 사람은 말하지 않고, 말하는 사람은 알지 못한다. 구멍은 막고 문은 닫고 날카로운 것은 무디게 하고 얽힌 것은 풀어주고 빛은 부드럽게 하여 티끌과 하나가 된다. 이것을 일러 현동이라 한다. -

知者不言, 言者不知.
塞其兌 閉其門 挫其
銳 解其紛 和其光
同其塵. 是謂玄同. 故

知者不言, 言者不知.
塞其兌 閉其門 挫其
銳 解其紛 和其光
同其塵. 是謂玄同. 故

故不可得而親 不可得而疏, 不可得而利 不可得而害, 不可得而貴 不可得而賤. 故爲天下貴.

고불가득이친 불가득이소, 불가득이리 불가득이해, 불가득이귀 불가득이천. 고위천하귀.

가까이하려고 하지 않지만 멀리하지도 않고, 이롭게 하려 하지 않으나 해롭지도 않고, 귀하게 여기지도 않지만 천하게 여기지도 않는다. 그 때문에 천하가 귀하게 여긴다.

不可得而親 不可得而疏, 不可得而利 不可得而害, 不可得而貴 不可得而賤. 故爲天下貴.

不可得而親 不可得而疏, 不可得而利 不可得而害, 不可得而貴 不可得而賤. 故爲天下貴.

以正治國, 以奇用兵, 以無事取天下. 吾何以知其然哉. 以此. 天下多忌諱 而民彌貧, 民多利器 國家滋昏, 人多伎巧 奇物滋起,

이정치국, 이기용병, 이무사취천하. 오하이지기연재. 이차. 천하다기휘 이민미빈, 민다리기 국가자혼, 인다기교 기물자기,

바름으로 나라를 다스리고, 책략으로 병사를 부리며, 무위로 천하를 얻는다. 내가 어떻게 이를 아는가. 다음과 같은 사실 때문이다. 천하에 금지하는 것이 많으면 백성은 더욱 가난해지고, 백성들 사이에 문명의 이기가 많을수록 나라는 더 혼란스러워지고, 사람들에게 기교가 많을수록 기이한 물건이 더 많아지고, -

以 正 治 國, 以 奇 用 兵,
以 無 事 取 天 下. 吾 何 以
知 其 然 哉. 以 此. 天 下
多 忌 諱 而 民 彌 貧, 民
多 利 器 國 家 滋 昏, 人
多 伎 巧 奇 物 滋 起, 法

以 正 治 國, 以 奇 用 兵,
以 無 事 取 天 下. 吾 何 以
知 其 然 哉. 以 此. 天 下
多 忌 諱 而 民 彌 貧, 民
多 利 器 國 家 滋 昏, 人
多 伎 巧 奇 物 滋 起, 法

法令滋彰 盜賊多有. 故聖人云 我無爲而民自化, 我好靜而民自正, 我無事而民自富, 我無欲而民自樸.

법령자창 도적다유. 고성인운 아무위이민자화, 아호정이민자정, 아무사이민자부, 아무욕이민자박.

법령이 많아질수록 도둑은 다양해진다. 그러므로 성인이 말하기를 내가 무위하니 백성들이 저절로 교화되고, 내가 고요함을 좋아하니 백성들이 저절로 바르게 되고, 내가 일을 꾸미지 않으니 백성들이 저절로 부유하게 되고, 내가 욕심을 내지 않으니 백성들이 저절로 소박해진다.

*여기서 '나'는 '정신'이요, '백성'은 '몸'이라고 볼 수도 있다.

令滋彰 盜賊多有. 故
聖人云 我無爲而民自
化, 我好靜而民自正,
我無事而民自富, 我無
欲而民自樸.

令滋彰 盜賊多有. 故
聖人云 我無爲而民自
化, 我好靜而民自正,
我無事而民自富, 我無
欲而民自樸.

其政悶悶 其民淳淳, 其政察察 其民缺缺. 禍兮福之所倚, 福兮禍之所伏. 孰知其極.

기정민민 기민순순, 기정찰찰 기민결결. 화혜복지소의, 복혜화지소복. 숙지기극.

정치인들이 디딤한 듯하면 백성들이 순박해지고, 정치인들이 지나치게 감찰하면 백성들이 결핍된다. 화는 복이 기대는 곳이고, 복은 화가 엎드리는 곳이다. 누가 그 지극함을 알 수 있겠는가. -

*마치 음과 양처럼 화와 복은 지극해지면 반대로 흐르는 법이다.

其政悶悶 其民淳淳,
其政察察 其民缺缺.
禍兮福之所倚, 福兮禍
之所伏. 孰知其極. 其

其政悶悶 其民淳淳,
其政察察 其民缺缺.
禍兮福之所倚, 福兮禍
之所伏. 孰知其極. 其

其無正. 正復爲奇, 善復爲妖. 人之迷 其日固久. 是以聖人方而不割, 廉而不劌. 直而不肆, 光而不燿.

기무정. 정부위기, 선부위요. 인지미 기일고구. 시이성인방이불할, 염이불귀. 직이불사, 광이불요.

절대적으로 올바른 것이란 없다. 올바름이 변하여 그른 것이 되고, 선한 것이 변하여 요망한 것이 된다. 사람이 미혹됨이 참으로 오래되었다. 그러므로 성인은 자기가 방정하다고 남을 자르지 않고, 자신이 청렴하다고 남을 상하게도 않는다. 곧되 방자하지 않고, 빛나지만 번쩍거리지 않는다.

無正. 正復爲奇, 善復
爲妖. 人之迷 其日固
久. 是以聖人方而不割,
廉而不劌. 直而不肆,
光而不燿.

無正. 正復爲奇, 善復
爲妖. 人之迷 其日固
久. 是以聖人方而不割,
廉而不劌. 直而不肆,
光而不燿.

治人事天莫若嗇. 夫唯嗇 是以早服. 早服 謂之重積德. 重積德 則無不克. 無不克

치인사천막약색. 부유색 시이조복. 조복 위지중적덕. 중적덕 즉무불극. 무불극

사람을 다스리고 천하를 받듦에 '아낌'만한 것이 없다. 아낀다는 것은 일찌감치 도를 따르는 것이다. 일찌감치 도를 따른다는 것은 덕을 두텁게 쌓는 것이다. 덕을 두텁게 쌓으면 극복하지 못할 것이 없다. 극복하지 못할 것이 없으면 -

治人事天莫若嗇. 夫唯
嗇 是以早服. 早服
謂之重積德. 重積德
則無不克. 無不克 則

治人事天莫若嗇. 夫唯
嗇 是以早服. 早服
謂之重積德. 重積德
則無不克. 無不克 則

則莫知其極. 莫知其極 可以有國. 有國之母 可以長久. 是謂深根固柢 長生久視之道.

즉막지기극. 막지기극 가이유국. 유국지모 가이장구. 시위심근고저 장생구시지도.

그 끝을 알 수 없다. 그 끝을 알 수 없을 정도가 되면 가히 나라를 맡을 만하다. 나라의 어머니(도)를 모시면 장구할 것이다. 이것이 바로 깊은 근본, 튼튼한 뿌리이니 길게 살고 오래 보게 되는 도이다.

莫知其極. 莫知其極
可以有國. 有國之母
可以長久. 是謂深根固
柢 長生久視之道.

莫知其極. 莫知其極
可以有國. 有國之母
可以長久. 是謂深根固
柢 長生久視之道.

治大國若烹小鮮. 以道莅天下 其鬼不神. 非其鬼不神 其神不傷人. 非其神不傷人 聖人亦不傷人. 夫兩不相傷 故德交歸焉.

치대국약팽소선. 이도리천하 기귀불신. 비기귀불신 기신불상인. 비기신불상인 성인역불상인. 부량불상상 고덕교귀언.

큰 나라를 다스릴 때는 작은 생선을 굽듯이 한다. 도로써 천하를 다스리면 귀신도 신령하지 않다. 귀신이 신령함이 없다기 보다 신령하더라도 사람을 해칠 수가 없는 것이다. 귀신이 사람을 해치지 못하니 성인도 사람을 상하게 하지 않는다. 양쪽 모두 서로 해치지 않으니 그 덕이 서로에게 돌아간다.

治大國若烹小鮮. 以道
莅天下 其鬼不神. 非
其鬼不神 其神不傷人.
非其神不傷人 聖人亦
不傷人. 夫兩不相傷
故德交歸焉.

治大國若烹小鮮. 以道
莅天下 其鬼不神. 非
其鬼不神 其神不傷人.
非其神不傷人 聖人亦
不傷人. 夫兩不相傷
故德交歸焉.

大國者下流. 天下之交 天下之牝. 牝常以靜勝牡 以靜爲下. 故大國以下小國 則取小國, 小國以下大國 則取大國. 故或下以取,

대국자하류. 천하지교 천하지빈. 빈상이정승모 이정위하. 고대국이하소국 즉취소국, 소국이하대국 즉취대국, 고혹하이취,

큰 나라는 강의 하류. 천하가 모여드는 천하의 암컷이다. 암컷은 늘 그 고요함으로 숫컷을 이기며 고요함으로 스스로를 낮춘다. 그러므로 큰 나라는 스스로를 낮춤으로써 작은 나라를 얻고, 작은 나라는 아래에서 큰 나라를 섬김으로써 큰 나라를 얻는다. 그러므로 혹 아래로 낮춤으로써 취하기도 하고, -

*여기서 나라를 사람으로 대입해도 같다.

大國者下流. 天下之交
天下之牝. 牝常以靜勝
牡 以靜爲下. 故大國
以下小國 則取小國,
小國以下大國 則取大
國. 故或下以取, 或下

大國者下流. 天下之交
天下之牝. 牝常以靜勝
牡 以靜爲下. 故大國
以下小國 則取小國,
小國以下大國 則取大
國. 故或下以取, 或下

或下而取. 大國不過欲兼畜人, 小國不過欲入事人. 夫兩者各得其所欲 大者宜爲下.

혹하이취. 대국불과욕겸축인, 소국불과욕입사인. 부량자각득기소욕 대자의위하.

혹 아래에서 위를 섬김으로써 취하기도 한다. 큰 나라는 지나치게 사람을 모으고자 하지 말며, 작은 나라는 지나치게 사대(事大)하지 말 일이다. 이렇게 양 나라는 원하는 바를 얻는 것이니 큰 자는 마땅히 스스로를 낮추어야 한다.

而取. 大國不過欲兼畜
人, 小國不過欲入事人.
夫兩者各得其所欲 大
者宜爲下.

而取. 大國不過欲兼畜
人, 小國不過欲入事人.
夫兩者各得其所欲 大
者宜爲下.

道者萬物之奧 善人之寶, 不善人之所保. 美言可以市 尊行可以加人, 人之不善 何棄之有. 故立天子 置三公

도자만물지오 선인지보, 불선인지소보. 미언가이시 존행가이가인, 인지불선 하기지유. 고립천자 치삼공

도는 만물의 아랫목이니 선한 사람의 보배요, 선하지 않은 사람의 피난처다. 아름다운 말은 널리 퍼지고 존경받을 행위는 남에게 뭔가를 보태주지만, 사람이 선하지 않다 해도 어찌 버리겠는가? 그러므로 천자를 옹립하고 삼공을 임명할 때 –

道 者 萬 物 之 奧 　 善 人 之
寶 , 　 不 善 人 之 所 保 . 　 美
言 可 以 市 　 尊 行 可 以 加
人 , 　 人 之 不 善 　 何 棄 之
有 . 　 故 立 天 子 　 置 三 公

道	者	萬	物	之	奧		善	人	之
寶	,	不	善	人	之	所	保	.	美
言	可	以	市		尊	行	可	以	加
人	,	人	之	不	善		何	棄	之
有	.	故	立	天	子		置	三	公

雖有拱璧以先駟馬, 不如坐進此道. 古之所以貴此道者何. 不曰以求得, 有罪以免耶. 故爲天下貴.

수유공벽이선사마, 불여좌진차도. 고지소이귀차도자하. 불왈이구득, 유죄이면야. 고위천하귀.

네 필 말이 끄는 수레를 앞세우고 벽옥을 바치나, 오히려 무릎을 꿇고 도를 바치는 것만 못하다. 옛 사람이 도를 귀하게 여긴 까닭이 무엇인가. (도로써) 구하면 얻고, 죄가 있어도 면할 수 있다고들 하지 않는가. 그러므로 천하가 이를 귀하게 여기는 것이다.

雖有拱璧以先駟馬, 不如坐進此道. 古之所以貴此道者何. 不曰以求得, 有罪以免耶. 故爲天下貴.

雖有拱璧以先駟馬, 不如坐進此道. 古之所以貴此道者何. 不曰以求得, 有罪以免耶. 故爲天下貴.

爲無爲, 事無事, 味無味. 大小多少 報怨以德. 圖難於其易, 爲大於其細. 天下難事 必作於易, 天下大事

위무위, 사무사, 미무미. 대소다소 보원이덕. 도난어기이, 위대어기세. 천하난사 필작어이, 천하대사

무위로 도모하고, 무사로 실행하고, 무미로 맛을 본다. 크건 작건 많건 적건 원망을 덕으로 갚아주어라. 어려운 일은 쉬운 일에서 비롯되고, 큰일은 작은 일에서 비롯된다. 천하의 어려운 일은 반드시 쉬운 일에서 시작되고, 천하의 큰일은 -

爲 無 爲 , 事 無 事 , 味 無
味 . 大 小 多 少 報 怨 以
德 . 圖 難 於 其 易 , 爲 大
於 其 細 . 天 下 難 事 必
作 於 易 , 天 下 大 事 必

爲 無 爲 , 事 無 事 , 味 無
味 . 大 小 多 少 報 怨 以
德 . 圖 難 於 其 易 , 爲 大
於 其 細 . 天 下 難 事 必
作 於 易 , 天 下 大 事 必

必作於細. 是以聖人終不爲大 故能成其大. 夫輕諾必寡信, 多易必多難. 是以聖人猶難之, 故終無難矣.

필작어세. 시이성인종불위대 고능성기대. 부경낙필과신, 다이필다난. 시이성인유난지, 고종무난의.

반드시 작은 일에서 시작된다. 그러므로 성인은 끝내 크게 되려 하지 않으니 그리하여 큰일을 이루는 것이다. 무릇 가볍게 수락하면 믿음이 가지 않고, 쉽게 생각하면 반드시 난관에 봉착한다. 그러므로 성인은 만사를 어렵게 여기고, 그러기에 끝내 어려움을 만나지 않는다.

作於細. 是以聖人終不
爲大 故能成其大. 夫
輕諾必寡信, 多易必多
難. 是以聖人猶難矣,
故終無難矣.

作於細. 是以聖人終不
爲大 故能成其大. 夫
輕諾必寡信, 多易必多
難. 是以聖人猶難矣,
故終無難矣.

其安易持, 其未兆易謀. 其脆易泮, 其微易散. 爲之於未有, 治之於未亂. 合抱之木 生於毫末,

기안이지, 기미조이모. 기취이반, 기미이산. 위지어미유, 치지어미란. 합포지목 생어호말,

안정되어야 유지하기 쉽고, 조짐이 나타나기 전이라야 도모하기 쉽다. 무르면 녹기 쉽고, 작으면 흩어지기 쉽다. 문제가 터지기 전에 도모하고, 혼란해지기 전에 다스려야 한다. 아름드리나무도 털끝 같은 싹에서 나오고, -

其安易持, 其未兆易謀.
其脆易泮, 其微易散.
爲之於未有, 治之於未
亂. 合抱之木 生於毫

其安易持, 其未兆易謀.
其脆易泮, 其微易散.
爲之於未有, 治之於未
亂. 合抱之木 生於毫

九層之臺 起於累土, 千里之行 始於足下, 爲者敗之 執者失之.
是以聖人無爲故無敗, 無執故無失. 民之從事 常於幾成而敗之.

구층지대 기어루토, 천리지행 시어족하, 위자패지 집자실지. 시이성인무위고무패, 무집고무실. 민지종사 상어기성이패지.

구층 누대도 한 줌 흙으로 쌓여 올라가며, 천리길도 한 걸음부터 시작되니, 억지로 하면 실패하고 집착하면 잃는다. 성인은 무위하니 실패하지 않으며, 집착하지 않으니 잃지 않는다. 사람이 일을 좇을 때는 언제나 일이 이루어질 때쯤 실패한다. 마칠 때도 시작할 때처럼 -

末, 九層之臺 起於累
土, 千里之行 始於足
下, 爲者敗之 執者失
之. 是以聖人無爲故無
敗, 無執故無失. 民之
從事 常於幾成而敗之.

末, 九層之臺 起於累
土, 千里之行 始於足
下, 爲者敗之 執者失
之. 是以聖人無爲故無
敗, 無執故無失. 民之
從事 常於幾成而敗之.

愼終如始 則無敗事. 是以聖人欲不欲, 不貴難得之貨, 學不學復衆人之所過. 以輔萬物之自然 而不敢爲.

신종여시 즉무패사. 시이성인욕불욕, 불귀난득지화, 학불학 복중인지소과. 이보만물지자연 이불감위.

신중하면 실패하는 일이 없을 것이다. 그러므로 성인은 욕심을 걷어내려 하고, 구하기 어려운 재물도 귀히 여기지 않으며, 배우지 않는 듯이 배움으로써 대중이 지나친 바를 회복한다. 만물이 자연스럽게 생성되도록 도와줄 뿐 억지로 일을 도모하지 않는다.

*뭔가 추구하여 공부하지 않음을 뜻한다.

愼終如始 則無敗事.
是以聖人欲不欲, 不貴
難得之貨, 學不學 復
衆人之所過. 以輔萬物
之自然 而不敢爲.

愼終如始 則無敗事.
是以聖人欲不欲, 不貴
難得之貨, 學不學 復
衆人之所過. 以輔萬物
之自然 而不敢爲.

古之善爲道者 非以明民 將以愚之. 民之難治 以其智多. 故以智治國 國之賊, 不以智治國 國之福. 知此兩者亦稽式.

고지선위도자 비이명민 장이우지. 민지난치 이기지다. 고이지치국 국지적, 불이지치국 국지복. 지차량자역계식.

예로부터 도를 잘 행하는 이는 백성을 영악하게 만들지 않고 순박하게 만들었다. 백성을 다스리기가 어려운 것은 아는 것이 많기 때문이다. 백성이 꾀가 많게 나라를 다스리면 나라에 도둑이 들끓고, 꾀가 많지 않게 백성을 다스리면 나라에 복이 있게 된다. 이 두 가지를 알면 법도를 깨우칠 수 있다. -

*여기서 명(明)은 잇속에 밝거나 약은 것을 말하고, 우(愚)는 체면이나 잇속에 담담한 상태를 말한다.

*명리(名利)에는 둔감하고 도덕(道德)은 두터운 상태를 지향한다.

古之善爲道者 非以明
民 將以愚之. 民之難
治 以其智多. 故以智
治國 國之賊, 不以智
治國 國之福. 知此兩

古之善爲道者 非以明
民 將以愚之. 民之難
治 以其智多. 故以智
治國 國之賊, 不以智
治國 國之福. 知此兩

常知稽式 是謂玄德. 玄德深矣 遠矣 與物反矣 然後乃至大順.

상지계식 시위현덕. 현덕심의 원의 여물반의 연후내지대순.

항구적인 법도를 깨우친 것을 현덕이라 한다. 현덕은 깊디깊고 멀어서 사물의 이치에 반하는 것 같지만 그것이 결국 큰 순리에 이르는 길이다.

者亦稽式. 常知稽式
是謂玄德. 玄德深矣
遠矣 與物反矣 然後
乃至大順.

者亦稽式. 常知稽式
是謂玄德. 玄德深矣
遠矣 與物反矣 然後
乃至大順.

江海所以能爲百谷王者 以其善下之, 故能爲百谷王. 是以欲上民 必以言下之, 欲先民 必以身後之. 是以聖人處上而民不重,

강해소이능위백곡왕자 이기선하지, 고능위백곡왕. 시이욕상민 필이언하지, 욕선민 필이신후지. 시이성인처상이민불중,

강과 바다가 모든 골짜기의 왕이 될 수 있는 까닭은 스스로를 잘 낮추기 때문이니, 그래서 모든 골짜기의 왕이 되는 것이다. 백성들을 다스리고자 하면 반드시 겸양함으로 스스로를 낮추어야 하고, 백성들을 이끌고자 하면 반드시 몸을 그 뒤에 두어야 한다. 그러므로 성인은 위에 있어도 백성들이 그를 무겁게 여기지 않고, -

江 海 所 以 能 爲 百 谷 王 者
以 其 善 下 之, 故 能 爲 百
谷 王. 是 以 欲 上 民 必
以 言 下 之, 欲 先 民 必
以 身 後 之. 是 以 聖 人 處
上 而 民 不 重,

江	海	所	以	能	爲	百	谷	王	者
以	其	善	下	之,		故	能	爲	百
谷	王.		是	以	欲	上	民		必
以	言	下	之,		欲	先	民		必
以	身	後	之.		是	以	聖	人	處
上	而	民	不	重,					

處前而民不害. 是以天下樂推而不厭 以其不爭, 故天下莫能與之爭.

처전이민불해. 시이천하락추이불염 이기불쟁, 고천하막능여지쟁.

앞에 있어도 백성들이 그를 해롭게 여기지 않는다. 그래서 천하가 그를 즐겨 싫증내지 않고 다투지 않으니, 세상 어느 누구도 그와 다투려 하지 않는다.

處前而民
不害. 是以天下樂推而
不厭 以其不爭, 故天
下莫能與之爭.

處前而民
不害. 是以天下樂推而
不厭 以其不爭, 故天
下莫能與之爭.

天下皆謂我道大 似不肖. 夫唯大 故似不肖. 若肖久矣 其細也夫. 我有三寶 持而保之. 一曰慈, 二曰儉, 三曰不敢爲天下先.

천하개위아도대 사불초. 부유대 고사불초. 약초구의 기세야부. 아유삼보 지이보지. 일왈자, 이왈검, 삼왈불감위천하선.

천하의 모든 사람들은 '나의 도는 위대하지만 본받지 못할 것 같다.'고 말한다. 무릇 크기만 해서 본받지 못할 것 같다는 것이다. 만약 오랫동안 본받을 만했다면 내 도는 이미 미미해지고 말았을 것이다. 내게는 세 가지 보물이 있는데 늘 이것을 지키고 보존한다. 첫째는 자비로움이고, 둘째는 검약함이며, 셋째는 천하에 나서려 하지 않는 것이다. -

天下皆謂我道大 似不
肖. 夫唯大 故似不肖.
若肖久矣 其細也夫.
我有三寶 持而保之.
一曰慈, 二曰儉, 三曰
不敢爲天下先. 慈故能

天下皆謂我道大 似不
肖. 夫唯大 故似不肖.
若肖久矣 其細也夫.
我有三寶 持而保之.
一曰慈, 二曰儉, 三曰
不敢爲天下先. 慈故能

慈故能勇, 儉故能廣, 不敢爲天下先 故能成器長. 今舍慈且勇, 舍儉且廣, 舍後且先 死矣. 夫慈以戰則勝, 以守則固. 天將救之 以慈衛之.

자고능용, 검고능광, 불감위천하선 고능성기장. 금사자차용, 사검차광, 사후차선 사의. 부자이전즉승, 이수즉고. 천장구지 이자위지.

자비롭기 때문에 능히 용감하고, 검약하기 때문에 널리 베풀 수 있으며, 감히 세상에 나서려 하지 않으니 능히 그릇을 만들고 키울 수 있는 것이다. 지금 자비를 버린 채 용감하기만 하고, 검약을 버린 채 베풀기만 하고, 뒤에 서지 않고 앞서려고만 한다면 그건 죽은 것과 다름없다. 자비로 싸우면 이기고, 자비로 지키면 견고하다. 하늘은 장차 사람들을 구하고자 하면 자비로써 그를 감싸준다.

勇, 儉故能廣, 不敢爲
天下先 故能成器長.
今舍慈且勇, 舍儉且廣,
舍後且先 死矣. 夫慈
以戰則勝, 以守則固.
天將救之 以慈衛之.

勇, 儉故能廣, 不敢爲
天下先 故能成器長.
今舍慈且勇, 舍儉且廣,
舍後且先 死矣. 夫慈
以戰則勝, 以守則固.
天將救之 以慈衛之.

善爲士者不武, 善戰者不怒. 善勝敵者不與, 善用人者爲之下. 是謂不爭之德, 是謂用人之力, 是謂配天古之極.

선위사자불무, 선전자불노. 선승적자불여, 선용인자위지하. 시위불쟁지덕, 시위용인지력, 시위배천고지극.

훌륭한 무사는 무용을 드러내지 않고, 잘 싸우는 사람은 성내지 않는다. 잘 이기는 자는 (함부로) 맞서지 않으며, 사람을 잘 쓰는 자는 스스로를 낮춘다. 이를 일러 다투지 않는 덕이라 하고, 사람을 쓰는 힘이라 하며, 하늘을 짝으로 삼는 지극한 일이라 한다.

善爲士者不武, 善戰者
不怒. 善勝敵者不與,
善用人者爲之下. 是謂
不爭之德, 是謂用人之
力, 是謂配天古之極.

善爲士者不武, 善戰者
不怒. 善勝敵者不與,
善用人者爲之下. 是謂
不爭之德, 是謂用人之
力, 是謂配天古之極.

用兵有言. 吾不敢爲主而爲客, 不敢進寸而退尺. 是謂行無行. 攘無臂, 扔無敵, 執無兵.

용병유언. 오불감위주이위객, 불감진촌이퇴척. 시위행무행. 양무비, 잉무적, 집무병.

용병에 대해서는 다음과 같은 말이 있다. 주인인 척 보다는 손님인 듯하고, 한 뼘 나아가느니 한 걸음 물러난다. 이를 일러 '하지 않는 함'이라 한다. 팔을 쓰지 않고도 물리치고, 대적하지 않고도 물리치며, 병사 없이 사로잡는 것이다. -

用兵有言. 吾不敢爲主
而爲客, 不敢進寸而退
尺. 是謂行無行. 攘無
臂, 扔無敵, 執無兵.

用兵有言. 吾不敢爲主
而爲客, 不敢進寸而退
尺. 是謂行無行. 攘無
臂, 扔無敵, 執無兵.

禍莫大於輕敵. 輕敵幾喪吾寶. 故抗兵相加 哀者勝矣.

화막대어경적. 경적기상오보. 고항병상가 애자승의.

적을 가볍게 여기는 것보다 더 큰 화는 없다. 적을 경시하다가는 내 보물만 잃게 된다. 그러므로 군사를 일으켜 서로 맞서 싸울 때에는 상대를 가엾게 여기는 사람이 이기는 법이다.

*경쟁심, 호승심보다 연민이 큰 것이다.

禍莫大於輕敵. 輕敵幾
喪吾寶. 故抗兵相加
哀者勝矣.

禍莫大於輕敵. 輕敵幾
喪吾寶. 故抗兵相加
哀者勝矣.

吾言甚易知 甚易行. 天下莫能知 莫能行. 言有宗 事有君. 夫唯無知 是以不我知. 知我者希 則我者貴. 是以聖人被褐懷玉.

오언심이지 심이행. 천하막능지 막능행. 언유종 사유군. 부유무지 시이불아지. 지아자희 즉아자귀. 시이성인피갈회옥.

내 말은 무척 알기 쉽고 행하기도 무척 쉽다. 그런데 천하가 알지 못하고 행하지도 못한다. 말에는 종지가 있고 일에는 중심이 있다. 사람들이 이를 모르니 나 역시 알려고 하지 않는다. 나를 아는 사람이 드물기에 나는 더욱 귀한 존재가 된다. 성인은 거친 삼베옷을 걸치고 있지만 가슴에는 아름다운 구슬을 품고 있다.

吾言甚易知 甚易行.
天下莫能知 莫能行.
言有宗 事有君. 夫唯
無知 是以不我知. 知
我者希 則我者貴. 是
以聖人被褐懷玉.

吾	言	甚	易	知		甚	易	行	.
天	下	莫	能	知		莫	能	行	.
言	有	宗		事	有	君	.	夫	唯
無	知		是	以	不	我	知	.	知
我	者	希		則	我	者	貴	.	是
以	聖	人	被	褐	懷	玉	.		

知不知上 不知知病. 夫唯病病 是以不病. 聖人不病 以其病病 是以不病.

지부지상 불지지병. 부유병병 시이불병. 성인불병 이기병병 시이불병.

모른다는 것을 아는 것이 가장 훌륭한 것이니 모르면서 안다고 하면 병이다. 병을 병으로 알아야 병이 되지 않는다. 성인은 병이 없나니 병을 병으로 알기 때문에 병이 없는 것이다.

知 不 知 上 不 知 知 病.
夫 唯 病 病 是 以 不 病.
聖 人 不 病 以 其 病 病
是 以 不 病.

知 不 知 上 不 知 知 病.
夫 唯 病 病 是 以 不 病.
聖 人 不 病 以 其 病 病
是 以 不 病.

民不畏威 則大威至. 無狎其所居, 無厭其所生. 夫惟不厭 是以不厭. 是以聖人 自知不自見, 自愛不自貴, 故去彼取此.

민불외위 즉대위지. 무압기소거, 무염기소생. 부유불염 시이불염. 시이성인 자지부자견, 자애부자귀, 고거피취차.

백성들이 (지도자의) 위엄을 두려워하지 않으면 위엄이 지극해진 것이다. 거하는 곳을 업신여기지 않고, 삶에 대해 싫증 내지 않는다. 싫증 내지 않으니 싫증 낼 일이 생기지 않는다. 이 때문에 성인은 스스로 알면서도 자신을 드러내지 않고, 스스로 사랑하면서도 자신을 귀하게 보이려 하지 않으니, 저것을 버리고 이것을 취한다.

*자존심을 피하고 자존감을 취한다.

民不畏威 則大威至.
無狎其所居, 無厭其所
生. 夫惟不厭 是以不
厭. 是以聖人 自知不
自見, 自愛不自貴, 故
去彼取此.

民不畏威 則大威至.
無狎其所居, 無厭其所
生. 夫惟不厭 是以不
厭. 是以聖人 自知不
自見, 自愛不自貴, 故
去彼取此.

勇於敢則殺, 勇於不敢則活. 此兩者或利或害. 天之所惡 孰知其故. 是以聖人猶難之.

용어감즉살, 용어불감즉활. 차량자혹리혹해. 천지소오 숙지기고. 시이성인유난지.

과감하게 용기를 내면 죽임을 당하고, 과감하게 용기를 내지 않으면 살아남는다. 이 둘 가운데 하나는 이롭고 하나는 해로운 것. 하늘이 싫어하는 바를 누가 알까? 성인도 오히려 그것을 어렵게 여긴다. -

*세인은 하고싶은 대로 하나, 성인은 하고싶다 하여 바로 하지 않는다.

勇於敢則殺, 勇於不敢
則活. 此兩者或利或害.
天地所惡 孰知其故.
是以聖人猶難之.

勇於敢則殺, 勇於不敢
則活. 此兩者或利或害.
天地所惡 孰知其故.
是以聖人猶難之.

天之道 不爭而善勝, 不言而善應. 不召而自來, 繟然而善謀. 天網恢恢 疏而不失.

천지도 불쟁이선승, 불언이선응. 불소이자래, 천연이선모. 천망회회 소이불실.

하늘의 도는 겨루지 않고도 이기는 것이고, 말하지 않고도 응대하는 것이다. 부르지 않아도 저절로 찾아오고, 느릿한 듯 하나 잘 도모하는 것이다. 하늘의 그물은 광대하여 엉성한 것 같지만 하나도 빠뜨리지 않는다.

天地道 不爭而善勝, 不言而善應. 不召而自來, 繟然而善謀. 天網恢恢 疏而不失.

天地道 不爭而善勝, 不言而善應. 不召而自來, 繟然而善謀. 天網恢恢 疏而不失.

民不畏死 奈何以死懼之. 若使民常畏死而爲奇者 吾得執而殺之孰敢.

민불외사 나하이사구지. 약사민상외사이위기자 오득집이살지 숙감.

사람이 죽음을 두려워하지 않는데 어떻게 죽음으로 그들을 겁줄 수 있겠는가. 죽음을 두려워하도록 이상한 짓을 하는 자가 있는데 만일 내가 그에게 죽음을 내릴 수 있다면 감히 누가 그런 일을 하겠는가. -

民不畏死 奈何以死懼
之. 若使民常畏死而爲
奇者 吾得執而殺之

民	不	畏	死		奈	何	以	死	懼
之	.	若	使	民	常	畏	死	而	爲
奇	者		吾	得	執	而	殺	之	

常有司殺者殺 夫代司殺者殺 是謂代大匠斲. 夫代大匠斲者 希有不傷其手矣.

상유사살자살 부대사살자살 시위대대장착. 부대대장착자 희유불상기수의.

언제나 사형을 집행하는 사람이 있어 사람을 죽이지만 사형 집행인을 대신해서 사람을 죽이는 것은 말하자면 목수를 대신해서 대패질을 하는 것과 같다. 목수를 대신해서 대패질을 하면서 손에 상처를 입지 않는 일은 드물다.

*하늘은 때로 질병이나 전쟁을 통해 사람을 죽이고, 적게는 법으로 사형을 집행하기도 한다. 그것은 천도요, 자연이지만 어느 사람이 스스로 그런 짓을 한다면 즉각 업을 받게 된다.

孰敢. 常有司殺者殺
夫代司殺者殺 是謂代
大匠斲. 夫代大匠斲者
希有不傷其手矣.

孰敢. 常有司殺者殺
夫代司殺者殺 是謂代
大匠斲. 夫代大匠斲者
希有不傷其手矣.

民之饑 以其上食稅之多 是以饑. 民之難治 以其上之有爲 是以難治.

민지기 이기상식세지다 시이기. 민지난치 이기상지유위 시이난치.

백성이 굶주리는 것은 위에서 세금을 너무 많이 걷으니 굶주리는 것이다. 백성을 다스리기 어려운 것은 위에서 자꾸 뭔가를 도모하기 때문에 다스리기 어려운 것이다. –

民 之 饑 以 其 上 食 稅 之
多 是 以 饑. 民 之 難 治
以 其 上 之 有 爲 是 以 難

民 之 饑 以 其 上 食 稅 之
多 是 以 饑. 民 之 難 治
以 其 上 之 有 爲 是 以 難

民之輕死 以其上求生之厚 是以輕死. 夫唯無以生爲者 是賢於貴生.

민지경사 이기상구생지후 시이경사. 부유무이생위자 시현어귀생.

백성이 죽음을 가볍게 여기는 것은 윗사람이 지나치게 삶에 집착하기에 죽음을 가볍게 여기는 것이다. 삶에 집착하지 않는 사람은 삶을 귀하게 여기는 사람보다 더 현명하다.

*생사에 쫓기지 않은 이는 생사가 쫓아오지 못한다.

治. 民之輕死 以其上
求生之厚 是以輕死.
夫唯無以生爲者 是賢
於貴生.

治. 民之輕死 以其上
求生之厚 是以輕死.
夫唯無以生爲者 是賢
於貴生.

人之生也柔弱 其死也堅强. 萬物草木之生也柔脆 其死也枯槁. 故堅强者死之徒, 柔弱者生之徒.

인지생야유약 기사야견강. 만물초목지생야유취 기사야고고. 고견강자사지도, 유약자생지도.

사람이 살아 있으면 부드럽고 약하지만 죽으면 딱딱해진다. 만물 초목도 살아 있으면 부드럽고 연하지만 죽으면 말라 굳어진다. 그러므로 딱딱한 것은 죽음의 무리이고, 부드럽고 약한 것은 삶의 무리이다. -

人之生也柔弱 其死也
堅強. 萬物草木之生也
柔脆 其死也枯槁. 故
堅强者死之徒, 柔弱者

人之生也柔弱 其死也
堅強. 萬物草木之生也
柔脆 其死也枯槁. 故
堅强者死之徒, 柔弱者

是以兵强則不勝, 木强則兵. 强大處下, 柔弱處上.

시이병강즉불승, 목강즉병. 강대처하, 유약처상.

그래서 군대가 강하면 이기지 못하고, 나무가 강하면 꺾이고 만다. 강하고 큰 것은 밑에 놓이고, 부드럽고 약한 것은 위에 놓이게 된다.

生之徒. 是以兵强則不勝, 木强則兵. 强大處下, 柔弱處上.

生之徒. 是以兵强則不勝, 木强則兵. 强大處下, 柔弱處上.

天之道 其猶張弓與 高者抑之, 下者擧之. 有餘者損之 不足者補之. 天之道損有餘而補不足 人之道則不然

천지도 기유장궁여 고자억지, 하자거지. 유여자손지 부족자보지. 천지도손유여이보부족 인지도즉불연

하늘의 도는 활을 당기는 것(활에 줄을 거는 과정)과 같아서 높은 것은 누르고, 낮은 것은 들어올린다. 남으면 덜어주고 모자라면 보태 준다. 하늘의 도는 남는 것을 덜어 모자라는 데에 보태지만 사람의 도는 그렇지 않아 -

天之道 其猶張弓與
高者抑之, 下者擧之.
有餘者損之 不足者補
之. 天地道損有餘而補
不足 人之道則不然

天之道 其猶張弓與
高者抑之, 下者擧之.
有餘者損之 不足者補
之. 天地道損有餘而補
不足 人之道則不然

損不足以奉有餘. 孰能有餘以奉天下. 唯有道者. 是以聖人爲而不恃, 功成而不處, 其不欲見賢.

손불족이봉유여. 숙능유여이봉천하. 유유도자. 시이성인위이불시, 공성이불처, 기불욕견현.

모자라는 데서 덜어내어 남는 데에 바친다. 남도록 가진 누가 천하를 위해 봉사할 수 있겠는가. 오로지 도 있는 사람만이 그렇게 할 수 있다. 그러므로 성인은 이루지만 기대려 하지 않고, 공을 쌓으나 그 공에 거처하지 않으며, 자기의 현명함을 드러내려 하지 않는다.

損不足以奉有餘. 孰能
有餘以奉天下. 唯有道
者. 是以聖人爲而不恃,
功成而不處, 其不欲見
賢.

損不足以奉有餘. 孰能
有餘以奉天下. 唯有道
者. 是以聖人爲而不恃,
功成而不處, 其不欲見
賢.

天下莫柔弱於水 而攻堅强者 莫之能先也. 以其無以易之也 故水之勝剛也. 弱之勝强, 柔之勝剛也 天下莫不知也 而莫能行也.

천하막유약어수 이공견강자 막지능선야. 이기무이역지야 고수지승강야. 약지승강, 유지승강야 천하막부지야 이막능행야.

천하에 물보다 더 유약한 게 없으나 단단하고 강한 것을 공격하는 데는 물보다 나은 것이 없다. 물을 대체할 만한 것이 없으니 물이 강한 것을 이기기 때문이다. 약한 것이 강한 것을 이기고, 부드러운 것이 단단한 것을 이기는 것은 천하에 알지 못하는 사람이 없지만 능히 이를 실천하는 사람은 없다. -

天下莫柔弱於水 而攻
堅强者 莫之能先也.
以其無以易之也 故水
之勝剛也. 弱之勝強,
柔之勝剛也 天下莫不
知也 而莫能行也. 故

天下莫柔弱於水 而攻
堅强者 莫之能先也.
以其無以易之也 故水
之勝剛也. 弱之勝強,
柔之勝剛也 天下莫不
知也 而莫能行也. 故

故聖人之言云曰 受國之詬 是謂社稷之主, 受國之不祥 是謂天下之王 正言若反.

고성인지언운왈 수국지구 시위사직지주, 수국지불상 시위천하지왕 정언약반.

그러므로 성인이 말하기를 나라의 치욕을 자신의 것으로 받아들이는 사람을 사직의 주인이라 하고, 나라의 상서롭지 못한 것을 받아들이는 사람을 천하의 왕이라 일컬으니 바른 말은 거꾸로 들리는 법이다.

聖人之言云曰 受國之
詬 是謂社稷之主, 受
國之不祥 是謂天下之
王 正言若反.

聖人之言云曰 受國之
詬 是謂社稷之主, 受
國之不祥 是謂天下之
王 正言若反.

和大怨 必有餘怨 安可以爲善. 是以聖人執左契 而不責於人. 有德司契, 無德司徹. 天道無親 常與善人.

화대원 필유여원 안가이위선. 시이성인집좌계 이불책어인. 유덕사계, 무덕사철. 천도무친 상여선인.

원한을 푼 후에 앙금을 남기면 이것을 어찌 잘했다고 할 수 있겠는가? 성인은 치부책을 흔들면서 사람을 몰아세우지 않는다. 덕이 있는 사람은 어음을 베풀듯이 하고, 덕이 없는 사람은 조세를 수탈하듯이 한다. 하늘의 도는 편애하는 일이 없으며 언제나 선한 사람의 편에 설 따름이다.

和大怨 必有餘怨 安
可以爲善. 是以聖人執
左契 而不責於人. 有
德司契, 無德司徹. 天
道無親 常與善人.

和大怨 必有餘怨 安
可以爲善. 是以聖人執
左契 而不責於人. 有
德司契, 無德司徹. 天
道無親 常與善人.

小國寡民 使有什佰之器而不用, 使民重死而不遠徙. 雖有舟輿 無所乘之, 雖有甲兵 無所陳之.

소국과민 사유십백지기이불용, 사민중사이불원사. 수유주여 무소승지, 수유갑병 무소진지.

영토는 작고 인구가 적게 하여 도구가 충분하나 다 쓰는 일(전쟁으로 인해 징발할 일)이 없고, 백성이 죽음을 무겁게 여겨 멀리 이사 가는 일이 없게 하라. 배와 수레가 있어도 타는 일이 없고, 갑옷과 무기가 있어도 전장에 나갈 일이 없어라. -

*살던 곳에서 만족하니 거기서 살다 죽고 싶도록 한다.

小國寡民 使有什佰之
器而不用, 使民重死而
不遠徙. 雖有舟輿 無
所乘之, 雖有甲兵 無
所陳之. 使人復結繩而

小國寡民 使有什佰之
器而不用, 使民重死而
不遠徙. 雖有舟輿 無
所乘之, 雖有甲兵 無
所陳之. 使人復結繩而

使人復結繩而用之, 甘其食, 美其服, 安其居, 樂其俗. 隣國相望 鷄犬之聲相聞 民至老死不相往來.

사인부결승이용지, 감기식, 미기복, 안기거, 락기속. 린국상망 계견지성상문 민지로사불상왕래.

사람들은 다시 노끈을 묶어서 사용하고, 음식을 맛있게 먹고, 옷을 잘 입고, 편안하게 거하며, 풍속을 즐긴다. 이웃한 나라끼리 서로를 바라보며 닭 우는 소리, 개 짖는 소리가 들리겠지만 백성들은 늙어 죽을 때까지 서로 왕래하는 일이 없게 하라.

*결승(結繩)은 초기문자이니 고도의 문명 과학이 필요치 않다는 뜻이다.

*추구함이 팽창하면 천하를 다니지만, 만족하는 이는 자기 자리에 머무르려 한다.

用之, 甘其食, 美其服,
安其居, 樂其俗. 隣國
相望 鷄犬之聲相聞
民至老死不相往來.

用之, 甘其食, 美其服,
安其居, 樂其俗. 隣國
相望 鷄犬之聲相聞
民至老死不相往來.

信言不美, 美言不信. 善者不辯, 辯者不善. 知者不博, 博者不知.

신언불미, 미언불신. 선자불변, 변자불선. 지자불박, 박자불지.

믿음직한 말은 꾸밈이 없고, 꾸며진 말은 믿음직스럽지 않다. 선한 사람은 변명하지 않고, 변명하는 사람은 선하지 않다. (진정) 아는 사람은 박식한 티를 내지 않고, 박식한 티를 내는 사람은 (진정) 알지 못한다. -

信 言 不 美, 美 言 不 信.
善 者 不 辯, 辯 者 不 善.
知 者 不 博, 博 者 不 知.

信	言	不	美,		美	言	不	信.	
善	者	不	辯,		辯	者	不	善.	
知	者	不	博,		博	者	不	知.	

聖人不積旣以爲人 己愈有, 旣以與人 己愈多. 天之道 利而不害. 聖人之道 爲而不爭. 流水不爭先.

성인불적 기이위인 기유유, 기이여인 기유다. 천지도 리이불해. 성인지도 위이불쟁. 유수불쟁선.

성인은 쌓아 놓지 않고 사람들을 위해 베풀지만 그럴수록 더욱 늘어나고, 사람들과 더불어 쓰지만 그럴수록 더욱 많아진다. 하늘의 도는 이롭게 할 뿐 해롭게 하지 않는다. 성인의 도는 일을 도모하더라도 다투지 않는다. 흐르는 물은 앞을 다투지 않음과 같이 성인의 삶도 그러하다.

聖人不積 旣以爲人
己愈有, 旣以與人 己
愈多. 天地道 利而不
害. 聖人之道 爲而不
爭. 流水不爭先.

聖人不積 旣以爲人
己愈有, 旣以與人 己
愈多. 天地道 利而不
害. 聖人之道 爲而不
爭. 流水不爭先.

하루 10분, 고전 필사 05
오십에 쓰는 도덕경道德經 Ⅱ

초판1쇄 인쇄 2024년 6월 21일
초판1쇄 발행 2024년 7월 03일

지은이 타타오(한치선)
펴낸이 최병윤
펴낸곳 운곡서원
출판등록 2013년 7월 24일 제2022-000213호
주소 서울시 마포구 월드컵로10길 28, 202호
전화 02-334-4045
팩스 02-334-4046

종이 일문지업
인쇄 수이북스

ISBN 979-11-94116-03-5 03150
가격 8,500원